(N° 291) COLLECTION DE MONSIEUR P**

Vente du Samedi 19 Avril 1913

HOTEL DROUOT SALLE N° 10

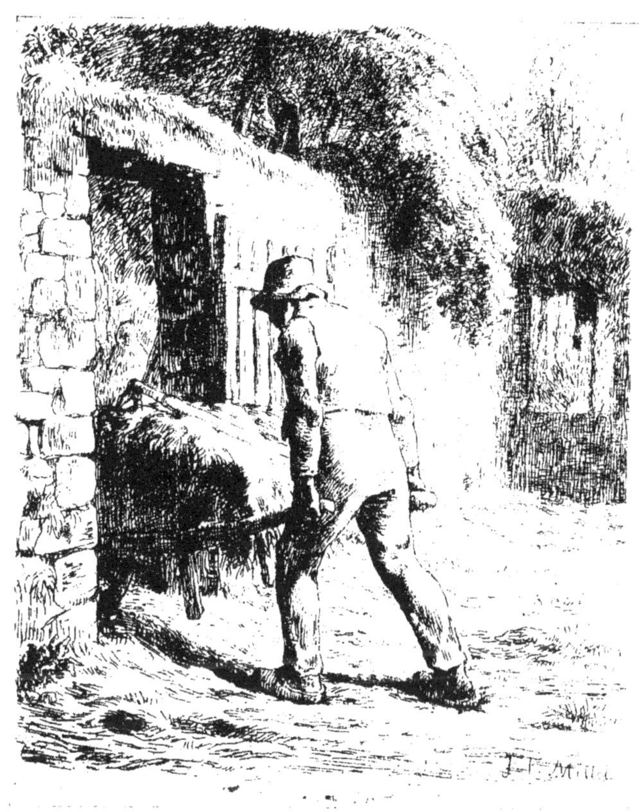

N° 210 du Catalogue.

ESTAMPES

MODERNES

Me ANDRÉ DESVOUGES. M. LOYS DELTEIL

EXPOSITION PUBLIQUE, HOTEL DROUOT, SALLE N° 10

Le Vendredi 18 Avril 1913, de 2 heures à 6 heures

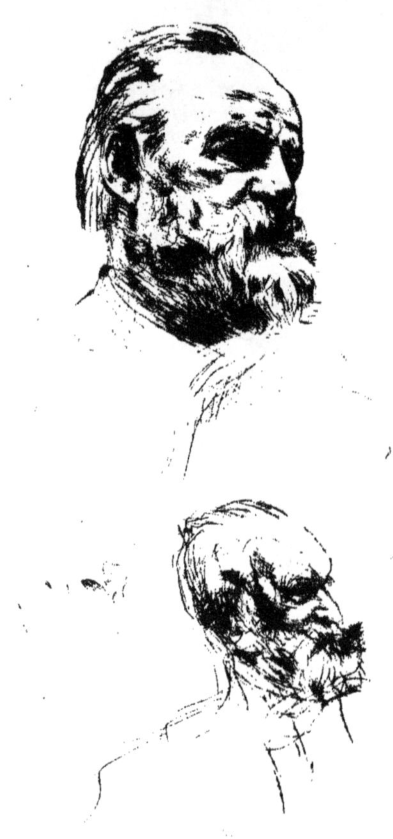

N° 221 du Catalogue.

CATALOGUE

DES

ESTAMPES

MODERNES

Composant la Collection de Monsieur P.

ŒUVRES

DE

A. BERTON, BUHOT, CHAHINE, COROT, DAUMIER,
FANTIN-LATOUR, FORAIN, LAUTREC, LEGROS
MERYON, MILLET, RODIN, ROPS, ROUSSEAU, WHISTLER
WILLETTE, etc.

Dont la vente aura lieu

à Paris, HOTEL DROUOT, Salle N° 10

Le Samedi 19 Avril 1913

à 2 heures précises

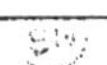

Par le Ministère de Mᵉ ANDRÉ DESVOUGES

COMMISSAIRE-PRISEUR

26, Rue de la Grange-Batelière

Assisté de M. LOYS DELTEIL, Graveur et Expert

2, Rue des Beaux-Arts

CONDITIONS DE LA VENTE

Elle sera faite au comptant.

Les adjudicataires paieront *dix pour cent* en sus des enchères.

M. Loys Delteil remplira les commissions que voudront bien lui confier les amateurs ne pouvant y assister.

MM. les Amateurs pourront visiter la collection, 2, *rue des Beaux-Arts*, du Jeudi 10 au Mercredi 16 Avril 1913 (*le Dimanche excepté*).

Exposition Publique, Hôtel Drouot, Salle N° 10.
le Vendredi 18 Avril 1913, de 2 heures à 6 heures.

Le Peintre-Graveur Illustré

(XIXe & XXe SIÈCLES)

par LOYS DELTEIL

OUVRAGE HONORÉ D'UNE SOUSCRIPTION DU MINISTÈRE DE L'INSTRUCTION PUBLIQUE ET DES BEAUX-ARTS

VIENT DE PARAITRE :

TOME VIII consacré à

EUGÈNE CARRIERE

contenant la biographie du Maître,

et le

Catalogue raisonné de son œuvre gravé et lithographié

avec la reproduction

de toutes les planches décrites.

1 volume in-4°, orné du portrait de CARRIÈRE

et de 45 *fac-simile.*

Tirage :

50	exemplaires de luxe, sur japon. . . .	60	francs
300	— avec lithographie originale.	25	—
100	— sans la lithographie	16	—

EN PRÉPARATION :

TOMES IX et X, consacrés à H. DE TOULOUSE-LAUTREC

TOME XI, consacré à GUSTAVE LEHEUTRE

TOME XII, consacré à CHARLES-FR. DAUBIGNY

TOMES XIII et XIV, consacrés à GOYA

TOME XV, consacré à GÉRICAULT

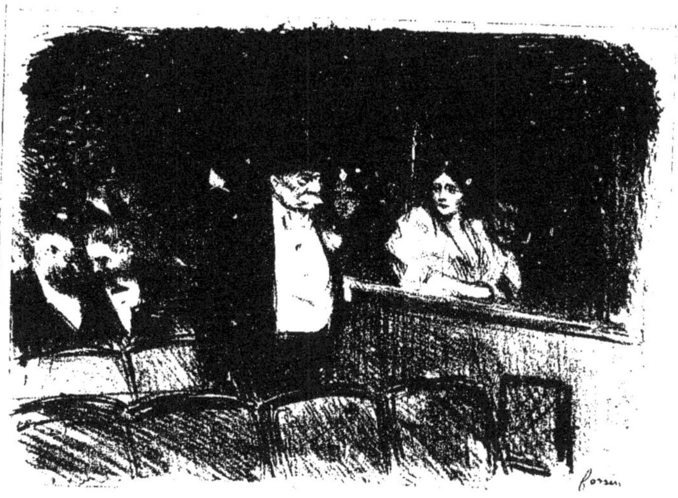

N° 108 du Catalogue

DÉSIGNATION

BERTON (Armand)

1. Rêverie. Trés belle épreuve, *signée.*
2. L'Espiègle. Très belle épreuve du 1er état, *signée.*
3. Messaline Très belle épreuve, *signée.*
4. Les Cheveux défaits. Très belle épreuve. *signée.*
5. Le Miroir ovale. Très belle épreuve, du 1er état, *signée.*
6. Au saut du lit. Très belle épreuve, *signée.*
7. Le Tiroir. Très belle épreuve, *signée.*

8. Jeux d'enfants. Très belle épreuve sur Japon, *signée.*

9. Le Modèle. Très belle épreuve d'essai, *signée.*

10. La Petite Sœur. 2 états. Très belles épreuves, *signées.*

BEURDELEY (Jacques)

11. Le Grand Lavoir, à Provins. Superbe épreuve, *signée*, (n° 16).

BUHOT (Félix)

12. Une Jetée en Angleterre. (G. B. 132). Superbe et rare épreuve du 2e état (sur 4).

13. Les Voisins de Campagne (148). Très belle épreuve.

14. Westminster Palace (155). Très belle épreuve sur papier essencé. *Timbrée* (doublée).

15. La Taverne du Bagne (163). Superbe *épreuve d'essai*, *signée* et *timbrée.*

CHAHINE (Edgar)

16. Impressions d'Italie, 50 *Gravures d'Edgar Chahine* — Paris, Edm. Sagot, 1906 — Très bel exempl. (sur vieux papier, n° 2).

17. Le Belle Rita. Très belle épreuve, *signée* (n°19).

18. Louise France, à mi-corps. Très belle épreuve d'essai, *avant* la signature, *signée.*

19. Lerand, dans Rodin. Très belle épreuve, *signée.*

COROT (J. B. C.)

20. Souvenir de Toscane (Loys Delteil 1). Très belle épreuve, *avant la lettre.*

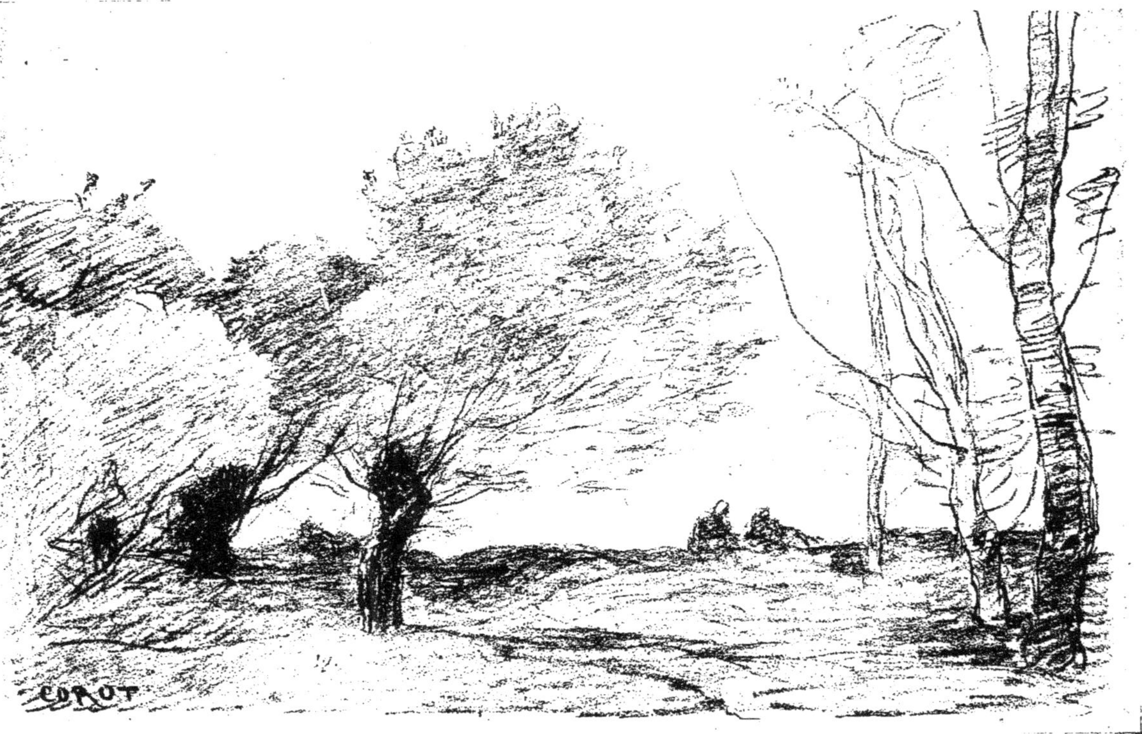

N° 31 du Catalogue

21. Ville d'Avray : le Bateau sous les Saules (2). Superbe épreuve tirée sur papier ancien.

22. Ville d'Avray : l'Étang au batelier (3) Très belle épreuve sur chine, *avant* le trait échappé.

23. Un Lac du Tyrol (4). Très belle épreuve sur Japon (la lettre non encrée).

24. Souvenir d'Italie (5). Très belle épreuve du 1er état.

25. Paysage d'Italie (7). Superbe épreuve du 1er état.

26. Campagne boisée (8). Très belle épreuve du 2e état, *avant la lettre*, sur chine.

27. Dans les Dunes (9). Très belle épreuve.

28. Le Dôme Florentin (13). Très belle épreuve sur japon, du 1er état. Collection Robaut.

29. Le Dormoir des vaches (26) Superbe épreuve du 1er état.

30. Une Famille à Terracine (29). Très belle épreuve sur chine.

31. Saules et peupliers blancs (30) Superbe épreuve *tirée en sanguine*, sur chine. Très rare.

32. Sous Bois (31). Très belle épreuve, *tirée en sanguine.*

33. Le Fort détaché (32). Très belle épreuve. Collection Robaut.

34. La Lecture sous les arbres (33). Très belle épreuve. Collection Robaut.

35. Le Songeur (43). Très belle épreuve.

36. La Jeune Fille et la Mort. (45) Très belle épreuve.

37. Le Grand Cavalier sous Bois (46). Très belle épreuve.

38. Le Tombeau de Sémiramis (47). Belle épreuve.

39. Le Cavalier en forêt et le piéton (48). Belle épreuve.

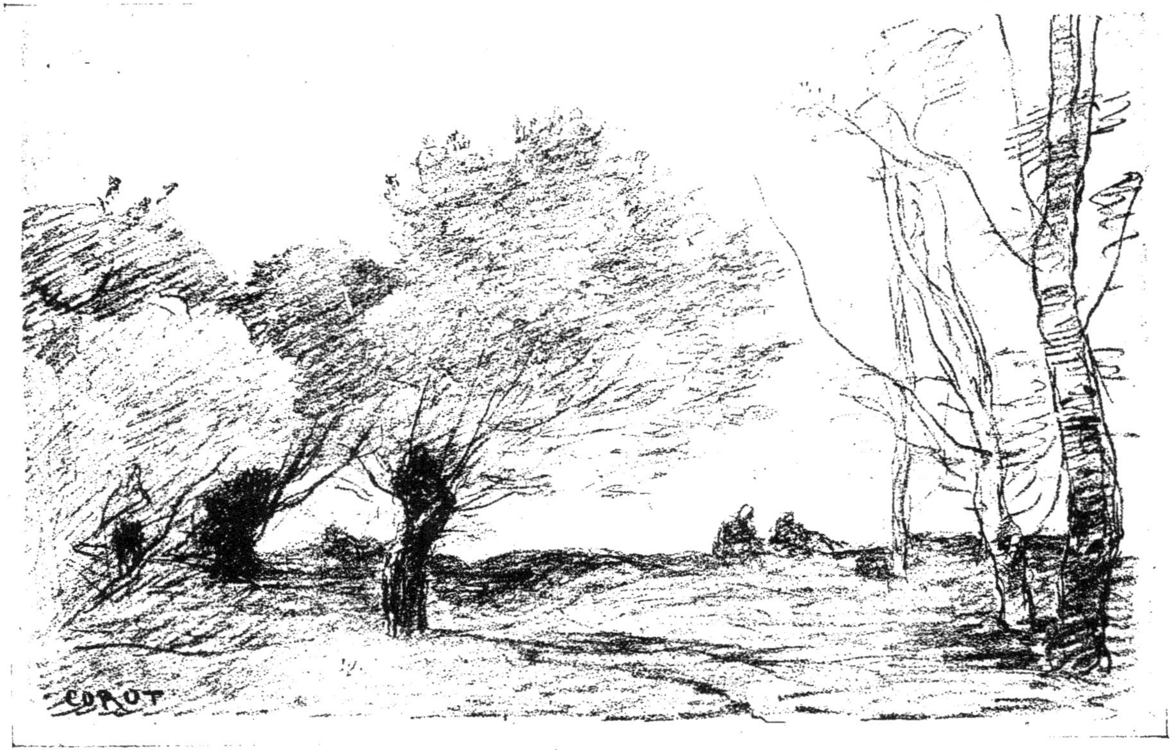

COROT

40. Le petit Berger (50). Très belle épreuve. Très rare.

41. Souvenir d'Ostie (57). Très belle épreuve du 1er état.

42. Les Jardins d'Horace (58). Très belle épreuve du 1er état.

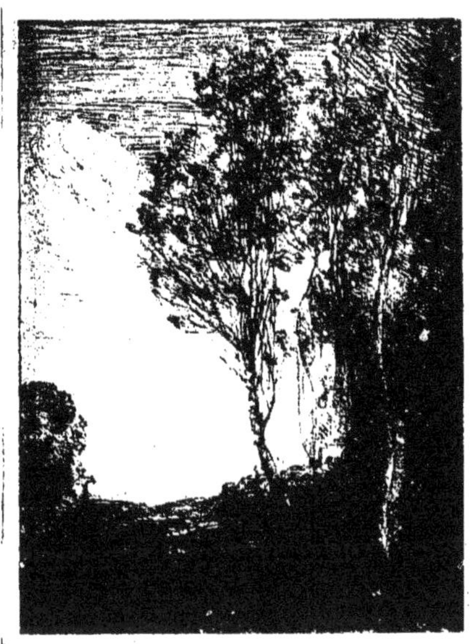

N° 24 du Catalogue

43. Jeune Mère à l'entrée d'un Bois (59). Très belle épreuve.

44. Les Arbres dans la montagne (60). Très belle épreuve. Très rare.

45. L'Artiste en Italie (63). Belle épreuve.

46. L'Embuscade (64). Très belle épreuve.

47. Un Déjeuner dans la clairière (65). Belle épreuve.

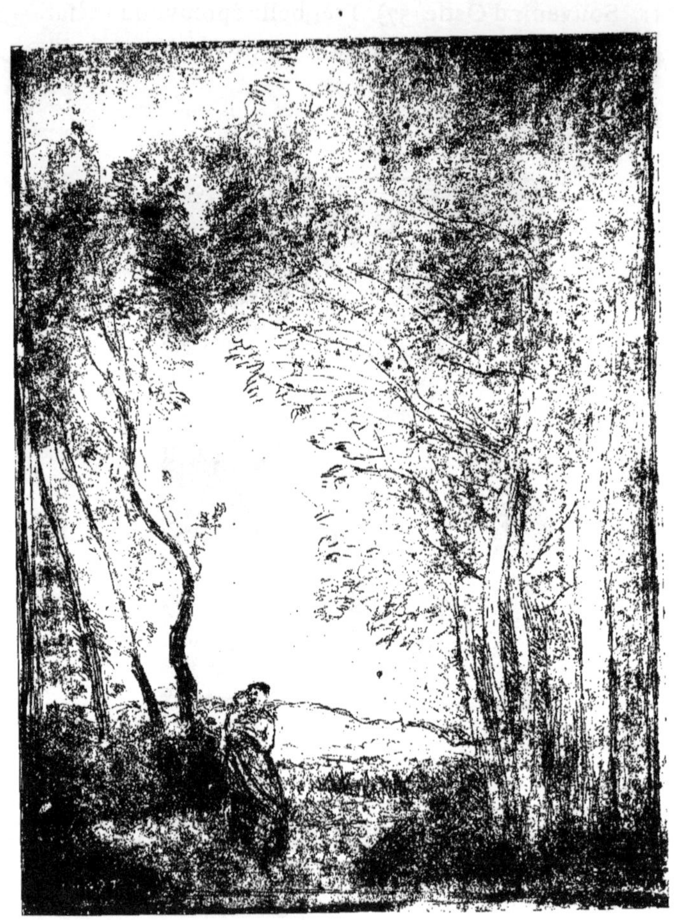

N° 43 du Catalogue

48. La Ronde Gauloise (66). Belle épreuve.

49. Corot par lui-même (69). Belle épreuve.

50. Le Bois de l'Ermite (72). Belle épreuve.

51. Souvenir du Bas-Bréau (73). Belle épreuve. Très rare.

52. Saltarelle (75). Belle épreuve.

53. Dante et Virgile (76). Très belle épreuve.

54. Orphée entraînant Eurydice (77). Belle épreuve.

55. La Fête de Pan (79). Belle épreuve.

56. Le Paysage à la Tour (81). Belle épreuve. Rare.

57. Le Charriot allant à la ville (83). Très belle épreuve.

58. Souvenir de la Villa Pamphili (84). Belle épreuve.

59. Souvenir du lac Majeur (85). Très belle épreuve.

60. Souvenir de Salerne (88). Belle épreuve.

61. Souvenir du lac de Némi (89). Très belle épreuve.

62. La Demeure du Poète (90). Très belle épreuve.

63. Souvenir de la vallée de la Sole (91). Très belle épreuve.

64. Les Paladins (92). Très belle épreuve.

65. Tour à l'horizon d'un lac (93). Belle épreuve.

66. Le Poète et la Muse (94). Belle épreuve.

67. Berger luttant avec sa chèvre (95). Belle épreuve.

68. Le Rêveur sous les grands arbres (96). Belle épreuve.

69. Souvenir d'Eza (97). Belle épreuve.

70. Cavalier arrêté dans la campagne (99). Belle épreuve.

71. Le Batelier (100). Très belle épreuve.

DAUMIER (Honoré)

72. Le Ventre législatif (H. et L. D. 306). Très belle épreuve.

73. Enfoncé La Fayette !... (309). Très belle épreuve.

FANTIN-LATOUR (H.)

74. Tannhauser : Venusberg, 2e planche (G. Hédiard, 9). Très belle épreuve sur chine, *signée*.

75. Le Génie de l'Air (17). Superbe et très rare épreuve du 1er état, sur chine gris.

76. Finale du Rheingold (18). Très belle épreuve d'essai, sur chine, *signée*.

76 *bis*. Bouquet de Roses (26). Superbe épreuve du 1er état, sur chine, *avec dédicace* (légères piqûres).

77. L'Enfance du Christ, 1re planche (28). Superbe épreuve sur chine.

78. Baigneuses, 2e grande planche (38). Très belle épreuve, *avec dédicace*.

79. Evocation de Kundry, 1re pl. (42). Très belle épreuve, *signée*. Collection Barrion.

80. Evocation de Kundry, 2e planche (43). Très belle épreuve sur japon, *avec dédicace*.

81. La Poète et la Muse (45). Superbe et très rare épreuve du 1er état (tiré à 7 ou 8 ép.), *signée*.

82. Nuit de Printemps (47). Superbe épreuve sur chine, signée. Très rare. Collection J. Gerbeau.

83. Siegfried et les Filles du Rhin, 2e planche (51). Superbe épreuve sur chine volant, *signée*. Rare.

84. Evocation d'Erda, 2e planche (54). Superbe épreuve sur chine, *avec dédicace*.

N° 72 du Catalogue

85. Parsifal et les Filles-Fleurs (59). Superbe épreuve sur chine.

86. Finale du *Vaisseau-Fantôme*, 2e planche (60). Superbe épreuve sur chine, *signée*.

87. A Victor Hugo (92). Très belle épreuve sur japon, *signée*.

88. L'Amour désarmé, 2e planche (98). Très belle épreuve sur chine, *signée*.

89. Sara la Baigneuse, 2e planche (99). Très belle épreuve sur chine volant, *signée*.

90. Fin de la Gœtterdœmmerung (100). Très belle épreuve sur chine volant.

91. Manfred et Astarté, 3e planche (107). Superbe et très rare épreuve du 1er état, sur japon mince, *avec dédicace*.

92. A Robert Schumann, 2e planche (109). Très belle épreuve d'essai, sur chine, *avec dédicace*.

93. Le Paradis et la Péri, finale (111). Superbe et fort rare épreuve du 1er état, *avec dédicace*.

94. Poèmes d'Amour, 2e planche (112). Très belle épreuve sur chine volant, *avec dédicace*.

95. Déposition de croix (113). Très belle épreuve sur chine, *signée*.

96. Le Paradis et la Péri, début, 2e planche (115). Très belle et rarissime épreuve du 1er état (tiré à 2), sur chine volant, *avec dédicace*.

97. Dernier thème de R. Schumann (119). Très belle épreuve sur chine volant, *avec dédicace*.

98. Ève (126). Très belle épreuve sur chine volant, *avec dédicace*.

99. Pastorale (127). Superbe épreuve sur chine volant, *avec dédicace*.

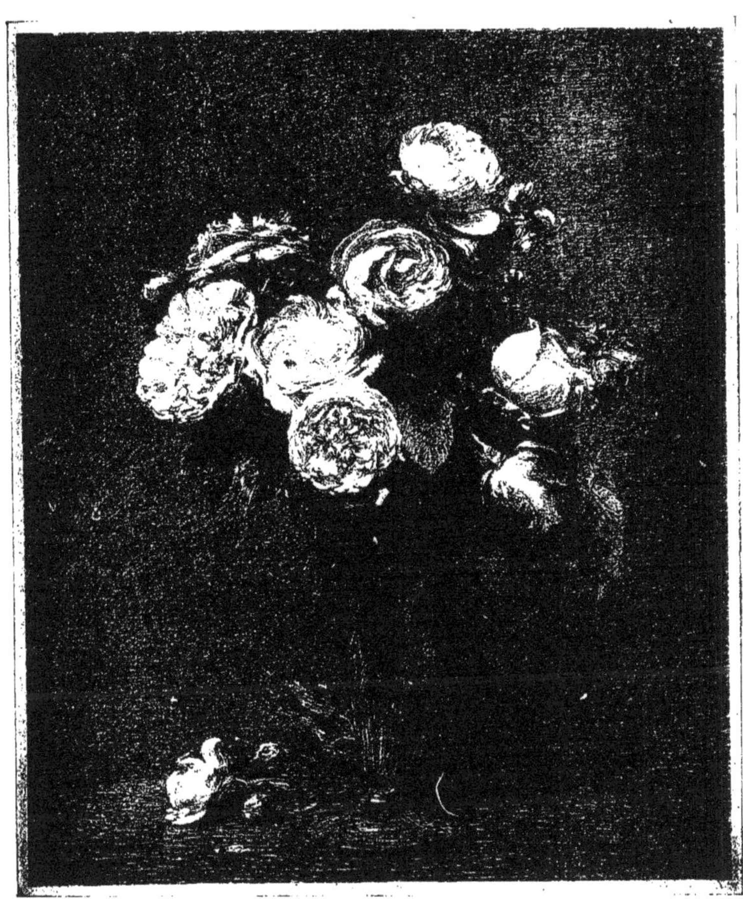

N° 76 *bis* du Catalogue

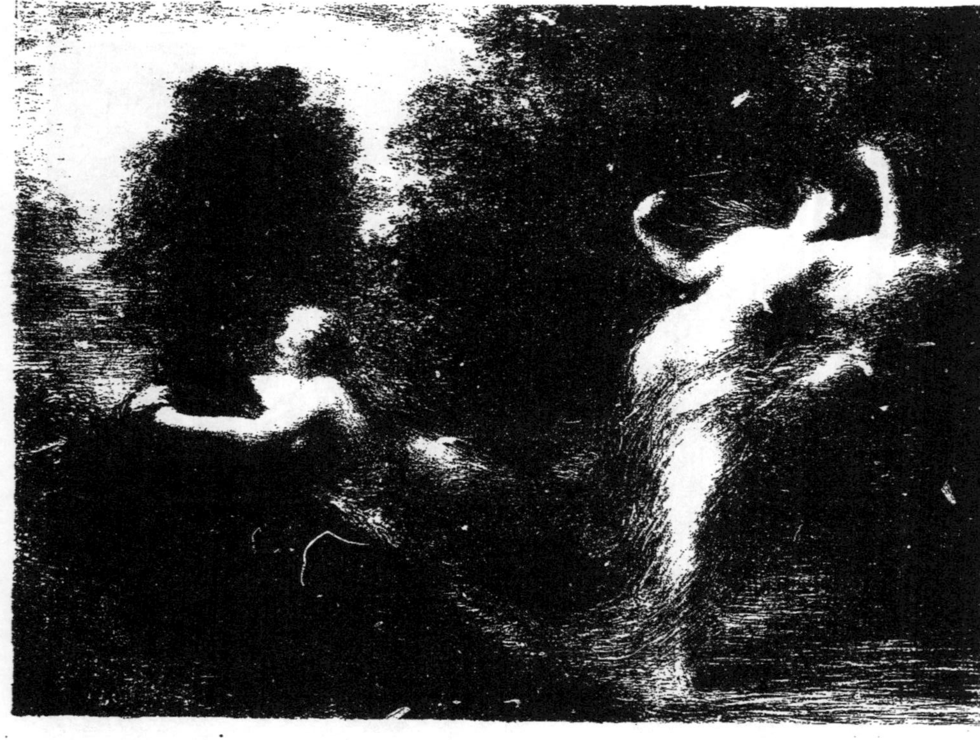

N° 82 du Catalogue

100. Baigneuses, 3e grande planche (128). Superbe épreuve sur chine volant, *avec dédicace.*

101. Baigneuses, 4e grande planche (138). *Bon à tirer.*

102. Les Brodeuses, 3e planche (143). Très belle épreuve, sur chine.

103. Vénus Anadyomène (144). Très belle et rare épreuve du 2e état sur chine.

104. A Johannes Brahms, grande planche (153). Superbe et fort rare épreuve d'essai sur chine volant, *avec dédicace.*

105. Eau dormante (173). Très belle épreuve du 1er état (tiré à 10 épr.).

106. Centenaire H. Berlioz (175). Très belle épreuve sur japon pelure, *avec dédicace.*

FORAIN (J. L.)

LITHOGRAPHIES

107. J'ose pas encore aller le décrocher... (7). Superbe épreuve, rehaussée aux crayons de couleurs, *signée*, (numérotée 2).

108. Au Théâtre (8). Superbe et très rare épreuve d'un 1er état, *non décrit*, avant l'indication d'un dossier de fauteuil dans la loge du 1er plan, sur chine fixé.

109. La Tonnelle (9). Magnifique épreuve, avec la mention : *n° 2 tiré à 6 xemplaires f.* LA PLUS BELLE CONNUE.

110. Le Cabinet particulier, 1re planche (10). Superbe épreuve, *signée*, (numérotée 5).

111. Le Cabinet particulier, 2e planche (11). Superbe épreuve, *signée*. Très rare (n° 2).

112. Le Cabinet particulier, 3e planche (12). Très belle épreuve. Très rare.

113. Le Cabinet particulier, 5e planche (14). Superbe épreuve. Très rare.

114. Le Cabinet particulier, 6e planche (15). Très belle épreuve.

115. L'Amour à Paris (16). Superbe et unique épreuve d'un état intermédiaire *non décrit*, avec la mention manuscrite : *tiré à une épreuve forain.*

116. Le Jour des Rois (17). Superbe épreuve, *signée.*

117. La Loge de la Danseuse (20 bis). Très belle épreuve *tirée en bistre*, avec la mention : *à 10 ex. forain.*

118. Le Petit Déjeuner (en hauteur) (22). Très belle épreuve, *signée* (remontée).

119. Le Petit déjeuner (en largeur) (23). Très belle épreuve, *retouchée au crayon* par l'artiste, *signée.*

120. Trois Dessins sur une feuille (24). Superbe épreuve du 2e état (sur 3), *signée.*

121. La Friction après le bain (27). Belle épreuve, *signée.*

122. Femme à sa toilette avec sa femme de chambre, (29). Très belle épreuve, *signée.*

123. Femme à sa toilette, avec sa femme de chambre (30). Très belle épreuve, *signée.*

124. Femme nue, s'essuyant les pieds (34). Très belle épreuve, *signée.*

124 *bis.* L Audience, 3e planche (40) Très belle épreuve *d'essai, signée.*

125. Scène de Cabinet particulier, pl. en largeur au lavis (45). Belle épreuve, tirée en bistre.

126. La même pièce. Très belle épreuve, *retouchée*, avec la mention : *Retouché par moi, forain.*

127. La même pièce. Très belle épreuve, *retouchée*, avec la mention : *Retouché par moi, f.*

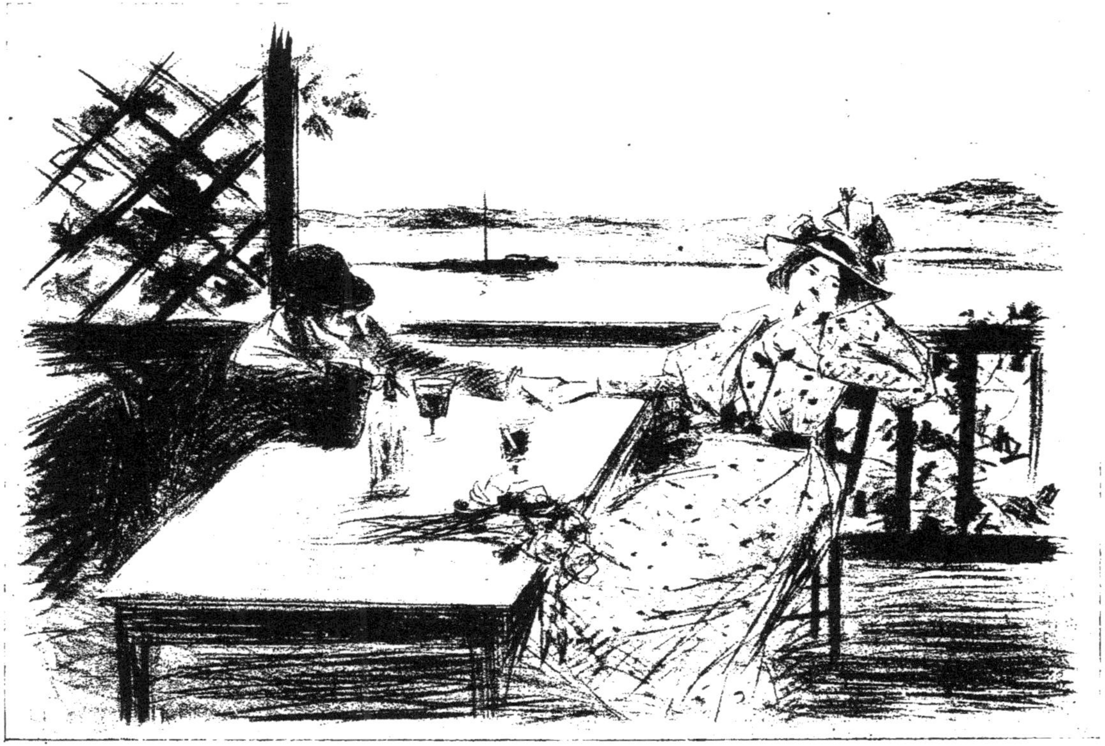

N° 109 du Catalogue

128. La même pièce. Très belle épreuve, *retouchée* et avec l'addition d'un 3e personnage et avec la mention : *retouché par moi forain.*

129. Feuille de croquis (50) et verso : la Tasse de lait (56), avec *croquis à la plume.*

130. La Sortie du tub (en hauteur) (51). Superbe épreuve, *retouchée par l'artiste, signée.*

131. Le Bain (en largeur) (53). Très belle épreuve d'un 2e état, *non décrit*, le sujet réduit de quelques centimètres dans le bas.

132. Le Bain (en hauteur) (54). Superbe épreuve avec la mention : *n° 5 Tiré à 12 ép. forain.*

133. En Grèce (60). Très belle épreuve.

134. Danseuse accotée contre un portant (65). Très belle épreuve, avec la mention : *épreuve d'essai, forain.*

EAUX-FORTES

135. Après la Saisie (35). Superbe épreuve, *signée* (9/25).

136. Fille-Mère, 1e planche (36). Très belle épreuve, *signée* (9/25).

137. Le Retour de l'Enfant prodigue, 4e planche (47). Superbe épreuve, *signée.*

138. En Cabinet particulier, 1re planche (66). Superbe épreuve, *signée* et avec la mention : *1er Etat.*

HELLEU (Paul)

139. Marlborough (Dsse de). Superbe épreuve, *signée.*

ISABEY (Eugène)

140. Retour au Port, grande planche (52). Très belle et très rare épreuve, *avec les croquis* dans la marge.

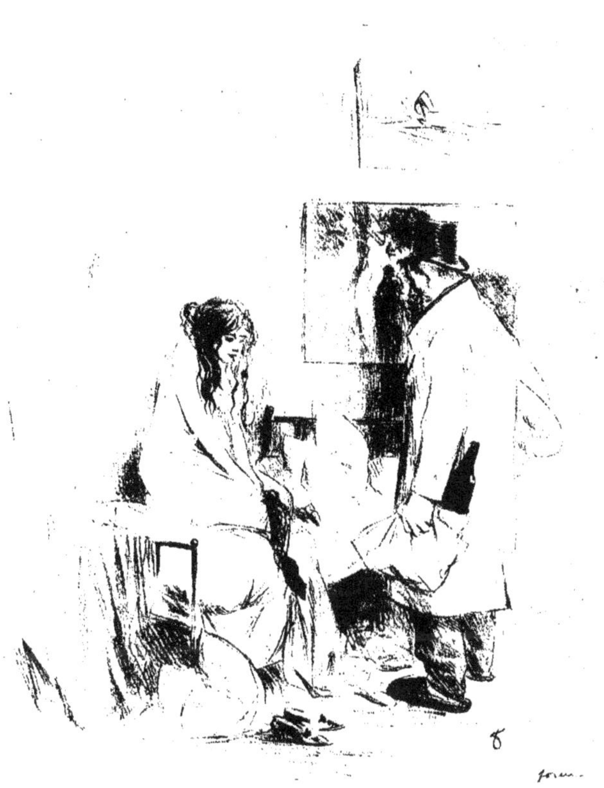

N° 116 du Catalogue

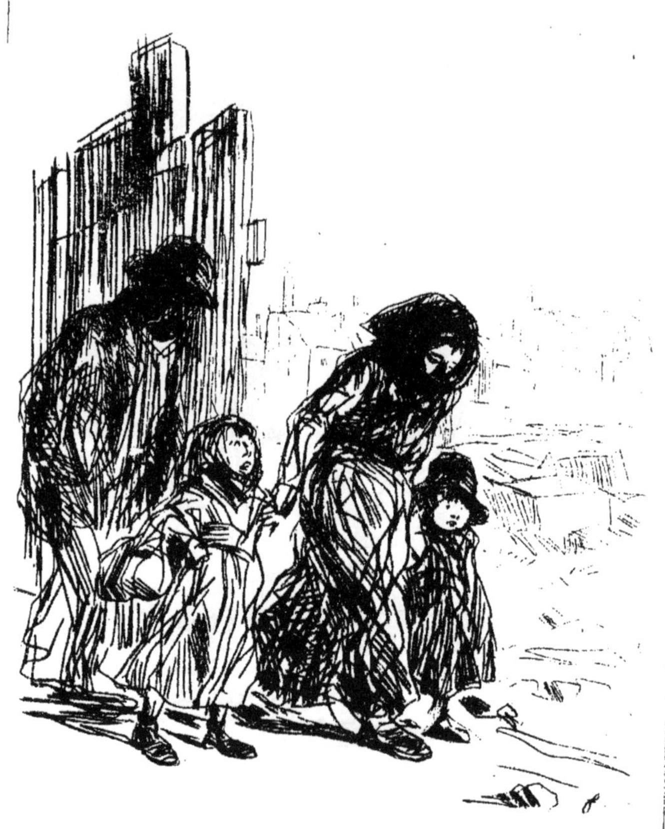

N° 135 du Catalogue

LAUTREC (H. de Toulouse)

141. La Clownesse assise. Superbe épreuve, *imp. en couleurs, timbrée* (n° 47).

142. Lassitude. Très belle épreuve, *tirée en sanguine, sur teinte, timbrée* (n° 47).

143. Le Tub. Très belle épreuve, *imp. en couleurs, timbrée* (n° 47).

144. Réveil. Très belle épreuve, *timbrée* (n°47).

145. Petit Déjeuner. Très belle épreuve, *tirée en sanguine, timbrée* (n° 47).

146. La Glace à main. Très belle épreuve *tirée en 3 tons* (timbrée, n° 47).

147. La Coiffure. Très belle épreuve tirée en ton brun, sur teinte (n° 47), *timbrée.*

148. Au petit Lever. Très belle épreuve, *tirée en couleurs* (n° 47), *timbrée.*

149. Toilette. Très belle épreuve, *timbrée.*

150. Conquête de passage. Très belle épreuve, *imp. en plusieurs tons, timbrée* (n° 47).

151. Amazone et tonneau. Très belle épreuve. Rare.

152. Au Bar Picton. Très belle épreuve.

153. Aux Ambassadeurs. Très belle épreuve, *imp. en couleurs, signée.*

154. May Belfort saluant. Très belle épreuve.

155. May Belfort de trois quarts. Superbe épreuve.

156. A la Brasserie. Très belle épreuve, *signée* (n° 16).

157. Chanteuse légère. Très belle épreuve. Rare.

158. La Clownesse au Moulin-Rouge. Très belle épreuve, *imp. en couleurs, signée* (n° 7) et *timbrée.*

159. Femme au lit avec son chien. Très belle épreuve.

160. La Goulue en dompteuse. Très belle épreuve.

161. La Grande Loge. Superbe épreuve, *imp. en couleurs*, *signée* (n° 1/12), et *timbrée.*

162. Ida Heath dansant. Très belle épreuve *tirée en ton verdâtre.*

163. Ida Heath, à l'Irish Bar. Très belle épreuve, *timbrée.*

164. Le Jockey. Très belle épreuve de la planche noire seule.

165. La même estampe. Très belle épreuve, *imp. en couleurs.*

166. Lavallière. Très belle épreuve sur chine volant.

167. Lender en buste. Belle épreuve, *imp. en couleurs.*

168. Lender saluant. Très belle épreuve.

169. Lender assise. Très belle épreuve.

170. Lender de dos. Très belle épreuve.

171. Lender dansant le pas du boléro. Très belle épreuve.

172. Lender, de face. Très belle épreuve.

173. Lender dans Mme Satan. Très belle épreuve, *timbrée.*

174. La Loge (Faust). Très belle épreuve. Rare.

175. Loïe Fuller. Très belle épreuve, *imp. en couleurs* et en *or.*

176. Luce Myrès, de profil. Très belle épreuve.

177. Luce Myrès, de face. Très belle épreuve, *signée.*

178. Partie de campagne (ou le Tonneau). Très belle épreuve, *imp. en couleurs*, *timbrée* (n° 69).

179. Pois vert. Très belle épreuve, *timbrée* (n° 19).

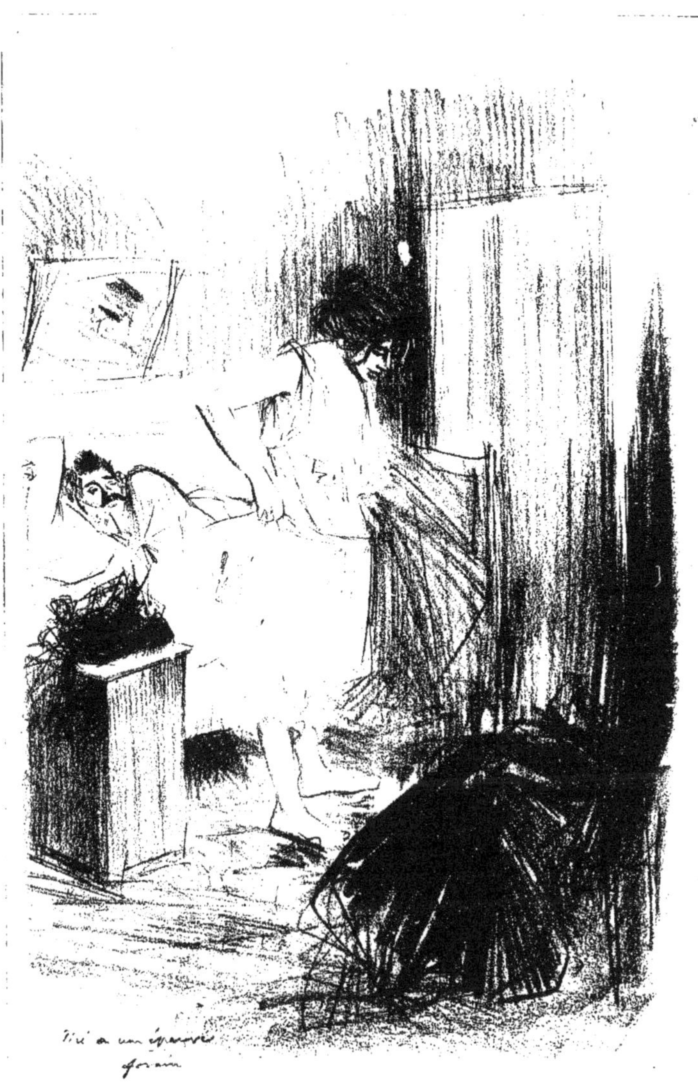

N° 115 du Catalogue

180. Redoute au Moulin Rouge. Très belle épreuve, *timbrée.*

181. Sortie de Théâtre. Très belle épreuve.

182. Sur le Pont. Très belle épreuve, *imp. en couleurs, signée* (n° 38) et *timbrée.*

183. Yahne dans sa loge. Très belle épreuve *timbrée* (n° 9).

184. Yahne et Antoine. Très belle épreuve.

185. Couverture de l'Estampe originale. Très belle épreuve, *signée.*

186. Treize portraits. Suite complète. Belles épreuves.

187. H. de Toulouse-Lautrec : *Sept pointes sèches* — Paris, Manzi et Joyant, s. d. Sept pl., sur japon, dans la couverture de publication, *timbrées* (n° 4/15).

LEGROS (Alphonse)

188. Manning (le Cardinal) (43). Superbe épreuve, *avant* la réduction de la planche, *signée.*

189. Procession dans les Caveaux du St-Médard (48) Très belle épreuve.

190. Procession dans une Eglise espagnole (49). Très belle épreuve d'état, *avant* la suppression des sonneurs, etc., *signée.*

191. Le Chœur d'une Eglise espagnole (50). Très belle épreuve du 1er état (légèrement plissée).

192. La Communion dans l'Eglise St-Médard (54). Très belle épreuve du 1er état.

193. La Mort de St François (56). Très belle épreuve du 2e état, *avant* la signature.

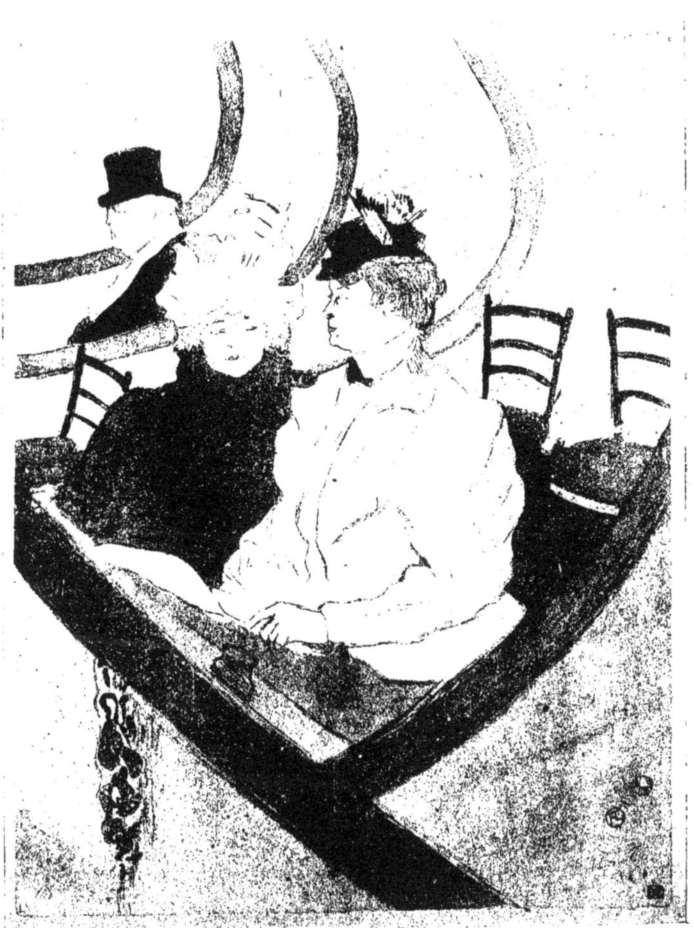

N° 161 du Catalogue

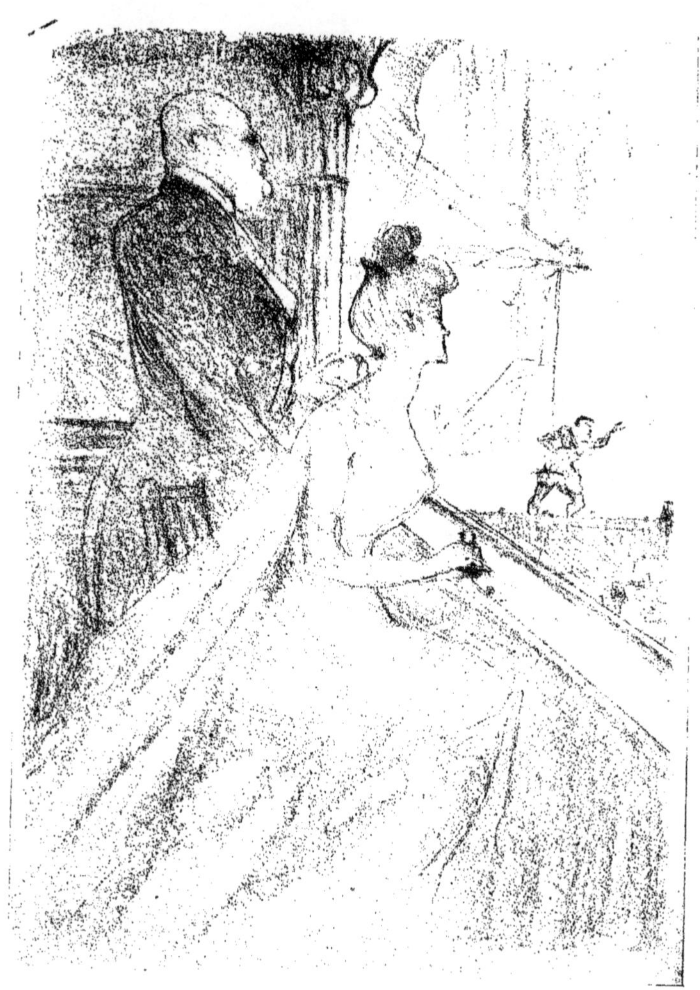

N° 174 du Catalogue

194. Les Chantres espagnols (59). Très belle épreuve, *avant la lettre.*

195. La Promenade du Convalescent (68). Très belle épreuve.

196. Les Vagabonds de Montrouge (71). Très belle épreuve.

197. Paysanne se lavant les pieds (72). Très belle épreuve.

198. Les Pêcheurs d'Ecrevisses (74). Très belle épreuve.

199. Le Manège (75). Très belle épreuve du 2e état, *avant* divers travaux.

200. Les Bucherons (95). Très belle et très rare épreuve du 1er état, *signée.*

201. Le Foyer (116). Très belle épreuve.

202. Le Souper chez Misère — St Pierre et St Paul à la porte de Misère, 1er état (174-175). Deux pièces. Très belles épreuves.

203. Le Rouleau. Très belle épreuve sur japon, *signée* (légère cassure).

LEHEUTRE (Gustave)

204. Le Port au bois, à Troyes. Superbe épreuve du 1er état, *signée* (n° 8).

205. Les Tanneries à Montargis (n° 18/20), *signée.*

MANET (Edouard)

206. MANET, *Trente Eaux-Fortes originales* — Paris, *A. Strölin*, 1905 — 30 pl. renfermées dans un cart. spécial. Très bel exemplaire.

MERYON (Charles)

207. Collège Henri IV (43). Très belle et fort rare épreuve du 2e état, *avant le fond* et *avant toute lettre.*

208. Partie de la Cité vers la fin du XVIIe siècle (51). Très belle et très rare épreuve du 4e état, *non entièrement terminé.* Collection Bouvrain.

209. Entrée du Couvent des Capucins, à Athènes (61). Superbe épreuve.

MILLET (J. F.)

210. Paysan rentrant du fumier (L. D. 11). Superbe épreuve du 1er état, sur chine.

211. Les Glaneuses (12). Superbe et très rare épreuve du 1er état, sur chine.

212. Les Bêcheurs (13). Très belle et très rare épreuve du 1er état (légères épidermures). Collection Gerbeau.

213. La Cardeuse (15). Superbe épreuve, tirée sur papier ancien.

214. La Grande Bergère (18). Très belle épreuve.

215. Le Départ pour le Travail (19). Superbe épreuve du 2e état (sur 7), sur chine volant, des collections Giacomelli et Gerbeau.

216. La Fileuse auvergnate (20). Superbe et fort rare épreuve du 1er état.

217. Le Semeur, lithographie (22). Très belle épreuve.

218. La Précaution maternelle (27). Très belle épreuve.

219. Femme vidant un seau (28), sens inversé. Très belle épreuve.

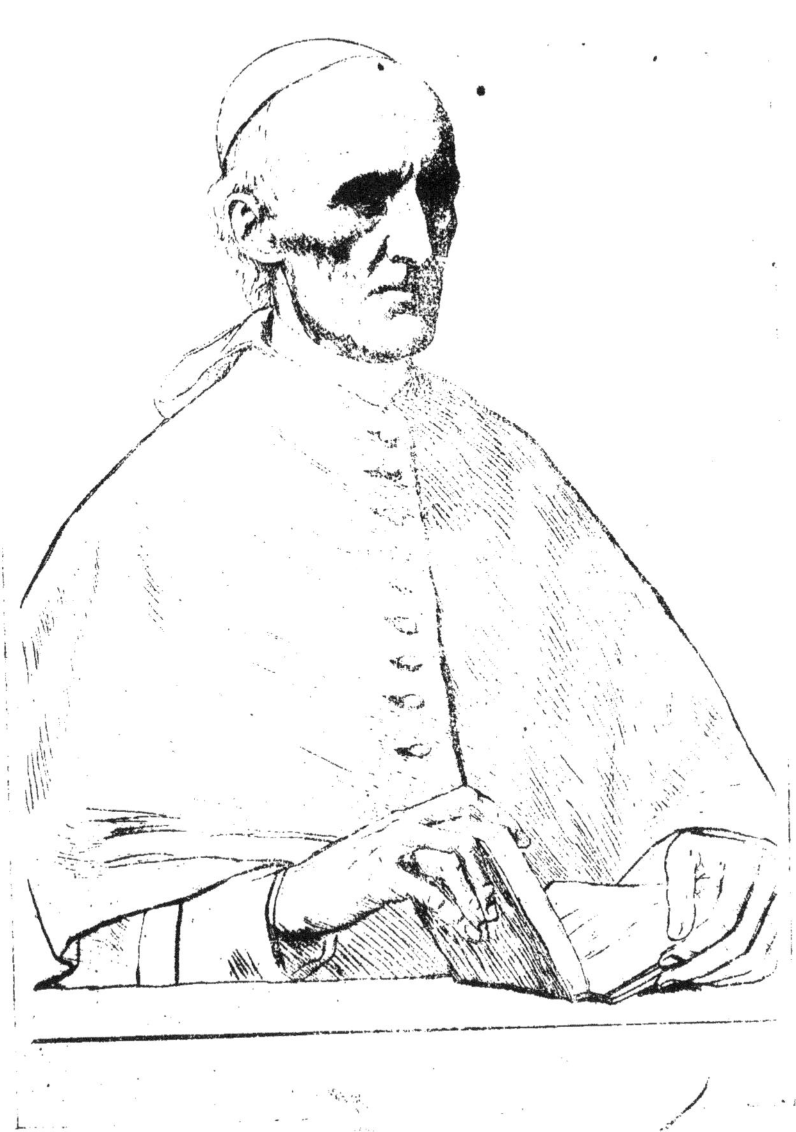

N° 188 du Catalogue

RAFFET (A.)

220. Retraite du bataillon sacré, à Waterloo (80 R.). Superbe épreuve.

RODIN (Auguste)

221. Victor Hugo, de trois quarts (Loys Delteil 6). Superbe et très rare épreuve du 2e état, *avant* de nombreux travaux, *avec dédicace.*

222. Victor Hugo, de face (7). Superbe et très rare épreuve du 2e état, *avant* divers travaux et *avant* les lettres A. R., *avec dédicace.*

ROPS (Félicien)

223. Le Fantoche (R. 10 M. 370). Très belle épreuve sur japon.

224. Le Rydeack (87-533). Très belle épreuve, *signée.*

225. La Dame au Cochon (239-711). Très belle épreuve sur japon, *signée.*

226. La Vieille à l'aiguille, pl. d'essai (101-556). Très belle épreuve. Rare.

227. Evocation ou Incantation (540-841). Très belle épreuve sur japon, *signée.*

228. La Cantinière des Pilotes (572-937). Très belle épreuve, *signée.*

229. Frontispices : Chansons de Collé — Rimes de Joie (354 et 411). Deux pièces. Très belles épreuves, *avec* remarque.

230. Planche d'ensemble : Jan Vandyrendonck, Lettrine Duluc et Cuisini dosimetrique (491). Superbe épreuve du 2e état. Collection Barrion.

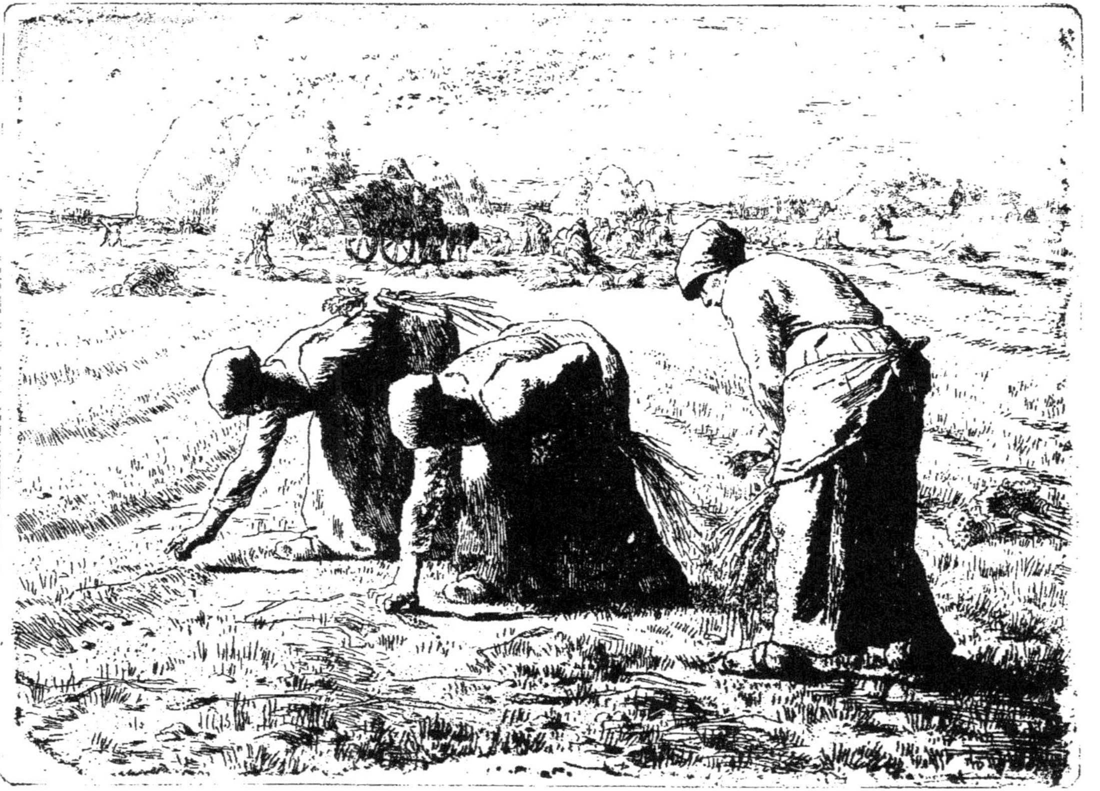

N° 211 du Catalogue

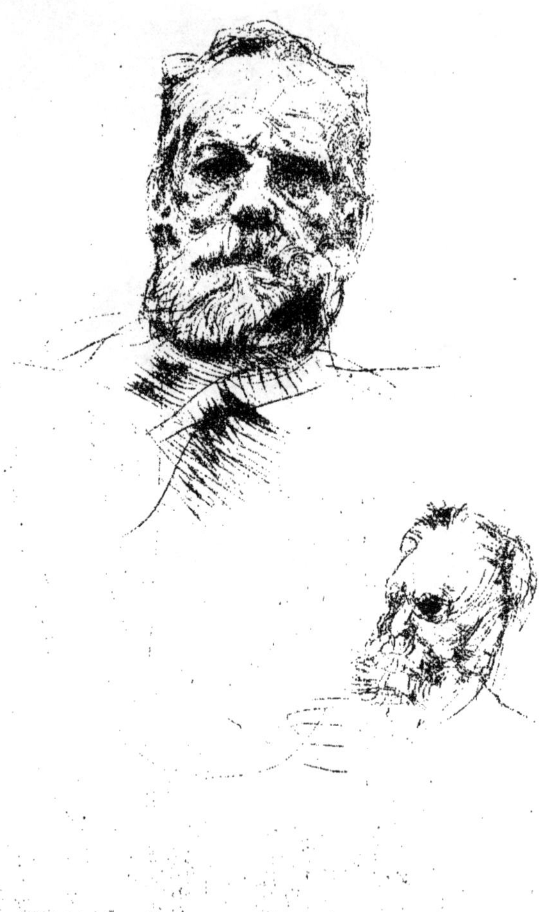

N° 222 du Catalogue

ROUSSEAU (Théodore)

231. Le Cerisier de la plante à biau (L. D. 5). Très belle épreuve.

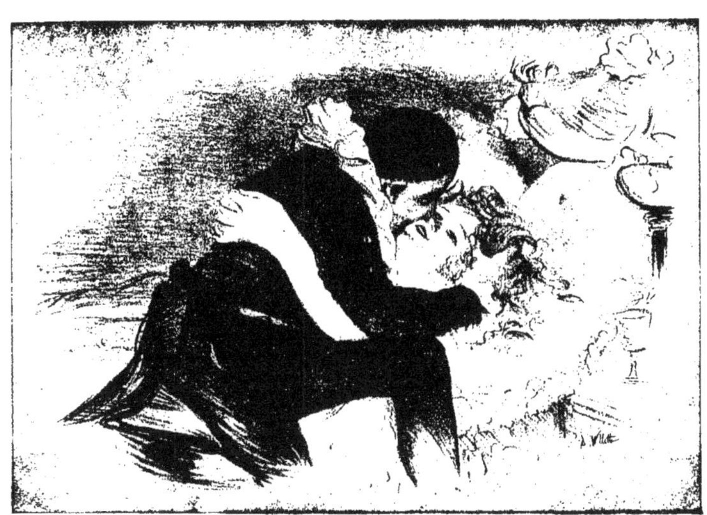

N° 236 du Catalogue

WHISTLER (J. M. N.)

232. *Wood's Fruit-Shop* (K. 2··). Superbe épreuve, *signée*. Rare.

233. Early Morning, lithographie. Très belle épreuve.

WILLETTE (Adolphe)

234. Le Coucher de la Mariée. Très belle épreuve *avec remarque*, sur parchemin, *signée* (n° 19).

235. Les Funérailles. Très belle épreuve sur chine (*avec* la balafre), *signée*.

236. Pierrot et Pierrette ou le Baiser. Très belle épreuve *tirée en bistre*, sur japon, *signée*.

237. Pierrot chasseur, éventail. Très belle épreuve sur japon, *signée* (n° 4).

238. Ohé! les Mœurs! Onze pièces. Très belles et rares épreuves sur japon, *signées*.

239. Chansons de Paul Delmet. Suite complète de 15 planches. Très belles épreuves, *avant la lettre*, sur chine, *signées*.

240. Poèmes d'Amour. Suite de 10 planches. Très belles épreuves, *avec remarque*, sur japon.

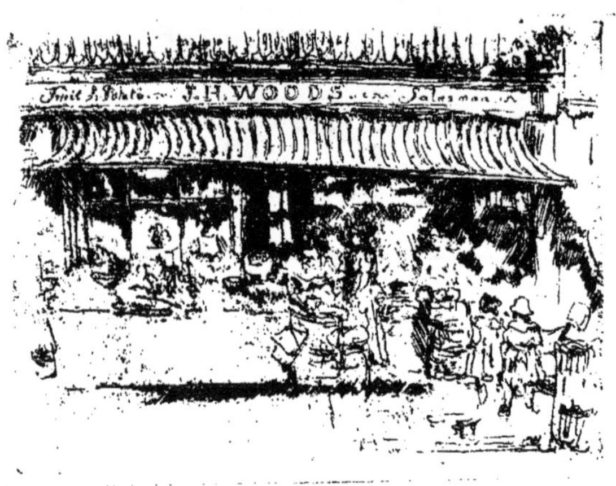

N° 232 du Catalogue

FRAZIER-SOYE, GRAV.-IMP., PARIS.

www.ingramcontent.com/pod-product-compliance
Ingram Content Group UK Ltd.
Pitfield, Milton Keynes, MK11 3LW, UK
UKHW021532260726
13993UKWH00004B/1937